MÉMOIRE

SUR

L'EMBELLISSEMENT

DES CHAMPS-ÉLYSÉES

ET LES AVANTAGES

QUE LE GOUVERNEMENT ET LA POPULATION PARISIENNE

DOIVENT EN RETIRER.

PAR

MM. ÉMILE BÉRES, DRONSART ET HECTOR HOREAU.

PARIS

Imprimerie de Ducessois,

QUAI DES AUGUSTINS, 55.

1836

AVERTISSEMENT

Chacun de nous a précédemment conçu le plan, et proposé, sur le terrain même des Champs-Élysées, l'érection d'un palais propre aux expositions des produits des beaux-arts et de l'industrie (1).

Depuis que nous avons réuni en un même faisceau, nos idées, notre projet s'est naturellement perfectionné et surtout agrandi. Ce n'est plus seulement un des points de l'espace qui sépare l'arc de l'Étoile de la place de la Concorde que nous proposons d'utiliser

---

(1) Projet de construction d'un vaste cirque destiné aux fêtes et réjouissances publiques, avec des galeries pour l'exposition des produits de l'industrie et des beaux-arts sur l'emplacement du Grand Carré, aux Champs-Elysées, par M. Dronsart.

Ce mémoire, présenté le 16 octobre 1835, à M. le ministre de l'intérieur, a été renvoyé le 22 du même mois, avec recommandation, á M. le préfet de la Seine.

Projet de salles d'exposition pour les produits des arts et de l'industrie, par M. Hector Horeau, architecte, 1836, en communication au ministre de l'intérieur.

Mémoire sur l'importance, le plan et les moyens d'exécution d'un palais propre aux expositions des produits de l'industrie nationale, par M. Emile Bères.

Ce mémoire, présenté au conseil général des manufactures, dans la session de 1834, a été renvoyé avec recommandation au ministre de l'intérieur, à la suite du rapport d'une commission spéciale composée de MM. d'Arcet, membre de l'Institut, Bérard, député, Nicolas Kœclhin, député, Praire de Nézieux, manufacturier.

et d'embellir, mais encore tout le terrain qui s'offre aujourd'hui aux yeux des promeneurs.

Aux industriels et artistes, dont nous avons pu d'abord fixer l'attention et appeler les suffrages, nous espérons joindre tous les hommes, qui, aujourd'hui plus que jamais, se sentent portés vers les améliorations utiles, grandes, nationales.

MÉMOIRE

SUR

L'EMBELLISSEMENT DES CHAMPS-ÉLYSÉES

ET LES AVANTAGES

QUE LE GOUVERNEMENT ET LA POPULATION PARISIENNE

DOIVENT EN RETIRER.

A une époque de paix, de bien-être matériel, d'activité et de bon goût, aussi remarquable qu'est le nôtre ; dans une cité où tant de merveilles et de célébrités réunies appellent les nationaux et les étrangers, l'arrangement et l'embellissement d'une localité comme celle des Champs-Élysées devient un travail d'art et d'utilité publique d'une extrême importance.

De nombreux et d'incontestables avantages se rattachent à cette œuvre.

Ce serait harmoniser dans un magnifique ensemble les plus beaux monuments publics qui soient dans la capitale.

Ce serait créer en faveur de la population parisienne un vaste lieu d'amusement où le plaisir serait à la fois facile, honnête et varié.

Ce serait donner de la vie aux quartiers de François Ier et de Beaujon, aujourd'hui complétement laissés dans l'abandon.

Par le monument spécial qui se présente de nouveau dans le plan du travail que nous soumettons à l'autorité, on aiderait au développement de l'industrie nationale comme à l'encouragement des beaux-arts, en leur donnant la facilité d'exposer périodiquement leurs nombreux et magnifiques produits d'une manière large et commode.

Enfin, en retenant dans l'enceinte de Paris une nombreuse population, on arriverait encore à élever sensiblement les revenus de la ville de Paris.

C'est à développer et à faire bien comprendre au Gouvernement, à l'autorité municipale et aux Parisiens ces divers avantages, que nous allons mettre toute notre attention.

METTRE EN HARMONIE LES MONUMENTS PUBLICS QUI AVOISINENT LES CHAMPS-ÉLYSÉES.

Il n'est pas rare d'entendre les Français appeler Paris *la capitale du monde civilisé.* En cela vraiment il y a moins de vérité que d'orgueil national. Sans doute on voit dans Paris de beaux monuments, mais malheureusement ils sont loin d'être disposés comme le voudraient les règles de l'art et le bon goût. Un pénible désaccord règne souvent entre eux et affaiblit l'effet que leur vue devrait produire.

Il est vrai qu'une cité qui date de plusieurs siècles et qui a lentement grandi, ne peut pas nous présenter l'aspect d'une ville nouvelle ; mais ce que nous voudrions du moins, c'est que là où l'arrangement serait exécutable et l'harmonie entre les plus belles choses que nous possédions aisée à établir, on se hâtât de les vouloir et de les exécuter.

Ainsi, lorsque le quartier des Champs-Élysées présente dans un espace rapproché, et pour ainsi dire groupés, les palais du Louvre et des Tuileries, le magnifique hôtel du quai d'Orsay, le palais de la chambre des députés, l'hôtel des Invalides, l'École Militaire et le Champ-de-Mars, l'arc de l'Étoile, la place de la Concorde, enfin la Madeleine, la rue de Rivoli, la place Vendôme et sa noble colonne, comment se fait-il, disons-nous, que cet ensemble monumental, le plus beau qu'aucune ville au monde ait jamais possédé, soit gâté par un espace aussi triste, aussi négligé que l'est celui des Champs-Élysées ?

C'est tour à tour en hiver le désagrément de la boue; en été, celui de la poussière ; en toutes saisons, après les moindres pluies, ce sont des fossés remplis d'eau fangeuse qui vicient l'air et sont cause de mille accidents. Sous les arbres et dans les carrés, c'est une malpropreté révoltante. La nuit, personne n'ignore que ce lieu est le refuge honteux des hommes comme des femmes de mauvaise vie, et bien souvent aussi celui des malfaiteurs. Pour le promeneur fatigué, pour l'enfant, pour le vieillard, pas un siége ; rien non plus d'agréable qui vienne reposer la vue, égayer l'imagination, comme un carré de verdure, une pièce d'eau, une statue, un bouquet de fleurs. Quant aux arbres, ils sont d'une monotonie fatigante. Il est même pénible d'ajouter que de l'abandon où on les laisse résulte le dépérissement fâcheux d'un grand nombre d'entre eux.

Aujourd'hui surtout que s'exécutent les travaux de la Madeleine, de l'arc de l'Etoile, et que commencent ceux de la place de la Concorde, il est impossible que la ville de Paris, chargée des améliorations à faire dans les Champs-Élysées, les laisse plus longtemps dans l'état où on les voit en ce moment.

CRÉER EN FAVEUR DE LA POPULATION PARISIENNE UN VASTE LIEU DE REPOS ET D'AMUSEMENT.

Un but que la prévoyance paternelle de l'autorité municipale doit être heureuse de poursuivre et d'atteindre, serait celui de

créer, en faveur des classes laborieuses, qui n'ont que quelques
moments par semaine à consacrer au repos et à la distraction, un
lieu convenable pour des plaisirs conformes à leurs goûts et à leurs
moyens de fortune. Nous nous plaignons souvent des vices de l'ar-
tisan et de l'ouvrier, mais que faisons-nous de suivi et de bien entendu pour les polir et les soustraire à leurs mauvaises habitudes?
Les théâtres que l'on subventionne, ce sont ceux-là même que fré-
quentent de préférence les classes riches. Les jardins publics, que
l'on est attentif à soigner et que l'art embellit chaque jour, ce sont
ceux-là encore qui ne conviennent que bien peu aux plaisirs
positifs et au laisser-aller des mœurs populaires. Est-ce là le conseil de la plus simple politique? est-ce même de l'équité?

Nous insistons d'autant plus sur les dispositions à prendre pour
la localité qui nous occupe, que nous avons la conviction qu'elles
plairaient aussi aux autres classes de la société, qui souvent ont
le regret d'être forcées de rentrer à l'heure où l'on savoure avec le
plus de délices le bon air et la fraîcheur. C'est ce qui arrive en été
aux habitués des Tuileries et du Luxembourg. Il est beaucoup de
personnes d'ailleurs qui, sans trop aimer le bruit, ne sont cependant pas ennemies d'un mouvement plus animé que celui d'un
jardin ouvert seulement aux piétons. Ainsi le panorama qui pré-
senterait tour à tour des voitures, des chevaux, des promeneurs
en tous genres, ne serait pas sans attrait, alors surtout que nous
supposons ces plaisirs divers débarrassés des dangers et de tous les
désagréments qu'offre aujourd'hui la promenade des Champs-
Élysées. Des barrières, entourant soigneusement chaque carré,
préserveraient du danger des chevaux, des surveillants spéciaux
seraient chargés de veiller aussi à toutes les garanties de conve-
nances et de propreté.

Rien ne radoucit et ne forme les mœurs d'un peuple comme la
communauté des plaisirs : les uns, par l'exemple des bonnes ma-
nières, perdraient cette rudesse qui caractérise un peu trop en

France les mœurs de l'ouvrier. Le riche, à son tour, apprendrait à mieux apprécier la simplicité et la valeur réelle de ceux que la fortune n'a pas favorisés. Les mœurs allemandes admettent l'habitude de ces plaisirs en masse, et les résultats en ont été toujours heureux.

Indépendamment de ces avantages, on aurait aussi celui de pouvoir mieux surveiller les objets d'alimentation que consomment aujourd'hui au delà des barrières les classes ouvrières; on n'aurait pas surtout à leur offrir ces falsifications détestables des vins à bas prix, falsifications qui déterminent l'ivresse bien plus encore que l'excès de la boisson.

D'ailleurs il est certain que, du moment où l'on aura créé en France, en faveur des classes laborieuses, des plaisirs honnêtes et plus recherchés, on les verra délaisser peu à peu ceux qui font aujourd'hui leurs délices. On a, du reste, un exemple frappant de la puissance et du bon effet des plaisirs pris en commun par les différentes classes de la société, dans ce qui se passe les jours de fête nationale : là, la distraction la plus ordinaire, une revue de troupes, un mât de cocagne, les farces d'un baladin, une illumination, retiennent une population entière, l'amusent, la captivent et lui font bien facilement oublier les funestes joies du cabaret.

En créant, à Paris, un vaste lieu d'amusement, on ne fera, du reste, qu'imiter ce qui existe dans d'autres capitales. Tous les voyageurs connaissent la vogue et les agréments du *jardin anglais* de Munich et des *Cachines* de Florence. Rome, Naples, Londres, ont aussi leurs parcs et leurs jardins publics, où toutes les classes de la société se rendent avec empressement, parce que chacun y trouve le genre de plaisir qui convient à ses goûts et à ses moyens.

DONNER DE LA VIE ET DE LA VALEUR AU QUARTIER DE FRANÇOIS Ier ET DE BEAUJON.

L'esprit de prévoyance n'est pas la vertu dominante chez les Français. Ils ne calculent pas assez, avant de l'entreprendre, toutes les faces d'une affaire. Il ne leur faut rien moins que la triste réalité, pour leur faire croire à un mécompte et leur donner de tardifs et inutiles regrets. On ne réfléchit pas assez qu'indépendamment de la question des avantages probables, il y a dans toute affaire la question d'opportunité. C'est là ce qui a perdu les propriétaires des terrains et des contructions de François Ier et de Beaujon. Près de trente millions ont été jetés sur ces deux points avec une inconcevable précipitation. Sans doute il y avait là tous les éléments d'une brillante réussite; mais pour cela il fallait procéder par ordre, c'est-à-dire, comme on le dit vulgairement, commencer par le commencement. C'était d'abord, en tirant un parti bien entendu des Champs-Elysées, de lier ces nouveaux quartiers au centre de Paris; alors tout était résolu et le succès certain. Mais enfin, puisque la faute a été commise, on est heureux de penser que le projet que nous proposons doit remédier au mal. Lorsqu'il y aura sûreté et agrément à traverser les Champs-Élysées, il est certain que les personnes riches qui aiment le grand air et la tranquillité, préféreront les nouveaux quartiers, qui n'ont contre eux que le désavantage des aboutissants.

ENCOURAGER L'INDUSTRIE ET LES BEAUX-ARTS.

L'embellissement des Champs-Élysées n'est pas seulement pour nous un objet d'art, de correctif de mœurs, d'agrément, de revenu

communal, il a pour but encore de servir puissamment les intérêts de l'industrie et des beaux-arts, puisque nous y trouvons la
place pour un local convenable aux expositions de leurs riches
produits.

Les expositions ne sont plus en France à l'état d'essai; depuis
longtemps elles ont passé dans la pratique, et plus de quarante
années de succès sont là pour justifier cette moderne et belle
institution.

Les avantages des expositions sont aussi nombreux qu'incontestables; elles jettent dans le pays une émulation qui amène les
efforts, les améliorations, les grandes découvertes. Les triomphes
qu'on proclame à leur suite montrent que nous touchons enfin au
temps, à l'heureux temps où la gloire et les récompenses nationales
ne sont plus seulement le partage de ceux qui prennent part aux
luttes sanglantes de nation à nation, ou bien à des emplois publics, mais encore de ceux qui vouent leurs bras et leur intelligence au travail industriel qui enrichit à la fois et l'état et les
familles.

Par elles, les industries nouvelles arrivent de prime abord à se
faire connaître, à se répandre, à se populariser. En mettant au
grand jour tout ce que l'on invente, elles empêchent aussi beaucoup
d'industriels de se consumer en efforts inutiles.

L'occasion d'attirer à Paris un nombre immense d'étrangers ne
nous semble pas non plus devoir être sans importance aux yeux des
hommes chargés d'augmenter le bien-être et les jouissances de ses
nombreux habitants.

On doit enfin tenir compte, dans les expositions, d'un point de
vue moral qui s'y trouve attaché et qui n'est point sans valeur.
Les peuples, comme les particuliers, s'ennuient d'une vie trop
monotone; il leur faut, d'époque en époque, des occasions solen-
nelles qui les appellent à se réunir, les intéressent, les amusent.
Les anciens aimaient passionnément ces grandes occasions comme

devant exciter et nourrir en eux les idées de gloire, de patriotisme ; comme propres aussi à porter au dehors le renom et les témoignages de leur nationalité : et, certes, de toutes les fêtes commémoratives, celles qui se proposent d'honorer et de récompenser le travail sont bien les plus belles à célébrer et les plus dignes d'un peuple libre et intelligent.

La France a donné là un bel exemple : c'est un devoir et un honneur pour elle de le perpétuer.

Les efforts laborieux des artistes et la présence du public, qui, chaque année accourt en foule pour visiter leurs produits, prouvent assez qu'il en est des expositions des beaux-arts comme de celles de l'industrie ; elles sont devenues une partie de nos mœurs ; elles ont surtout cet avantage qu'elles forment le goût des classes laborieuses, et qu'elles leur apprennent à sentir tout le prix des jouissances de l'intelligence et de l'imagination.

Il importe d'autant plus de trouver un autre local, que les expositions annuelles des beaux-arts s'achètent aujourd'hui par trop de sacrifices, sacrifices d'autant plus fâcheux qu'ils sont faits aux dépens de l'art lui-même qu'on veut honorer et servir.

C'est ainsi que, pour favoriser les expositions de peinture, on prive pendant un tiers de l'année, en employant les salles de notre Musée, les élèves et les artistes des modèles des grands maîtres. Un autre inconvénient de l'absence d'un local spécial, et celui-là est d'une immense gravité, car le mal est souvent irréparable ; c'est celui de détériorer sensiblement les chefs-d'œuvre immortels que nous possédons.

Les salles du palais de l'industrie serviraient encore à des emplois d'utilité publique qui ne sont pas sans importance : ce serait là qu'auraient lieu les expositions de la manufacture de Sèvres et des Gobelins ; là aussi seraient admis les produits que beaucoup de sociétés réunissent et tiennent à faire connaître, comme la Société d'Horticulture, l'Athénée des Arts, etc.

Le gouvernement trouverait encore à utiliser ces grandes salles pour diverses réunions publiques auxquelles il ne lui est pas toujours facile d'assigner un local.

Après le service des besoins publics viendrait celui de quelques industries privées. Paris manque évidemment d'un lieu convenu et favorable pour mettre le public de la capitale, comme les étrangers, au courant des découvertes et des industries qui tiennent à se faire connaître au jour le jour et veulent une publicité de tous les instants.

Il résulterait ainsi de notre travail d'ensemble que les divers établissements proposés, coordonnés entre eux, appropriés à nos goûts et à nos mœurs, variés par leur nature, leur importance et le goût qui les décore, se donneraient bientôt mutuellement la vogue, et se garantiraient une longue prospérité.

Quant au choix de l'emplacement, tout milite en sa faveur : la beauté des lieux environnants, la facilité des abords, l'empressement du public à toujours se porter vers ce côté de Paris.

Où trouver ailleurs une autre localité ? serait-ce, comme par le passé, la place de la Concorde ? mais son nouvel arrangement en exclut toute construction ; ou bien la cour du Louvre ? mais avec l'extension qu'ont prise nos expositions, elle serait nécessairement trop étroite.

ACCROÎTRE LES REVENUS DE LA VILLE DE PARIS.

L'embellissement et l'assainissement de la ville de Paris ajoutant chaque jour à ses dépenses, il n'est pas sans intérêt pour elle de voir aussi augmenter ses revenus : ce serait nécessairement le résultat de l'arrangement des Champs-Elysées ; car la consommation de plusieurs milliers de personnes retenues par le plaisir dans l'enceinte de la capitale pendant les jours consacrés au repos, serait immense.

Ce doit être là un objet fait pour fixer l'attention de l'autorité municipale.

Tels sont les nombreux et puissants intérêts qui se rattachent à notre plan d'embellissement de cette partie de Paris ; une pensée à la fois utile et nationale nous l'a inspirée et cette pensée nous soutiendra dans les efforts à tenter pour en poursuivre et réaliser l'exécution.

Par là aussi nous tenons à justifier cette belle dénomination de *Champs-Élysées*, qu'une haute vue d'avenir de l'esprit de nos pères nous a léguée, et que notre incurie seule a pu laisser si longtemps dans le domaine des fictions.

NOTES EXPLICATIVES

DE LA PLANCHE JOINTE AU MÉMOIRE.

Le plan primitif des Champs-Élysées n'est point sans mérite: il y a dans la disposition de ce vaste terrain une grandeur vraiment imposante; ce qui manque seulement, c'est la destination des lieux pour des choses à la fois utiles, agréables, et arrangées de manière à être en harmonie avec les idées que le temps et notre civilisation ont amenées. C'est sous ce point de vue que nous présentons nos améliorations; aimant ainsi à rendre justice au mérite réel de ceux qui nous ont précédés.

A l'entrée des Champs-Élysées se trouvent deux grands pavillons destinés aux

expositions des produits de l'industrie et des beaux-arts ; l'architecture corres-
pondrait comme ensemble aux monuments qui les avoisinent ; leur étendue , qui
dépasse la superficie que couvraient les quatre pavillons destinés aux expositions
de 1834, suffirait à tous les besoins que commandera même un plus grand
développement de notre industrie. La disposition de l'intérieur est faite de
manière à pouvoir admettre et disposer favorablement les produits les plus variés, soit de l'industrie, soit des beaux-arts.

A la suite du pavillon de droite, en montant les Champs-Élysées , se trouve le
carré des Fleurs ; c'est là que serait un marché perpétuel, où pouraient être ex-
posées, sans inconvénient et dommage , les plantes les plus rares ; ce qui n'a
pas lieu dans les marchés ordinaires, à cause des variations de la température :
ces plantes auraient leur place dans la serre qui longerait le marché. En hiver,
cette serre servirait à continuer la vente des fleurs , et serait pour les promeneurs une espèce de jardin couvert : on sait combien à Paris le goût des fleurs
a gagné toutes les classes de la société.

Aux extrémités du Marché aux fleurs, on placerait des volières pour la
vente des oiseaux : c'est encore là un sujet de distraction pour les promeneurs.

Les deux pavillons ou avant-corps dont la serre est flanquée à ses deux extrémités, font face chacun à une grande avenue ; la première traverse le carré du
bal et concert , et a pour point de vue la façade du Diorama ; la deuxième abou-
tit à l'une des contre-allées du grand carré. Ces deux allées , dans leur trajet, au
milieu des massifs d'arbres , sont bordées de boutiques.

Au-dessus du carré des fleurs, se trouve le carré des jeux ; ses deux côtés sont
garnis de jeux de bagues, chevaux de bois, navires, etc. : c'est là aujourd'hui la
destination de ce lieu : nous avons dû la lui conserver.

Le principal établissement de cette section est un grand restaurant construit
sous l'un des massifs d'arbres faisant face à l'entrée principale du grand carré ; ce
restaurant serait comme le point central de toutes les parties des Champs-
Élysées.

Le carré Marigny, qui vient à la suite, aurait une destination toute spéciale, à la fois utile et agréable.

Il n'est pas de ville au monde où l'on consomme plus de lait qu'à Paris; et cependant nulle part on n'a cet aliment plus détestable et plus mélangé. Nous avons pensé dès lors que pour les personnes bien portantes, comme pour les malades et les enfants, il était tout à fait convenable d'avoir un lieu renfermant des vaches, des chèvres et des ânesses, où l'on serait sûr de prendre un lait naturel.

Tel est l'emploi que nous faisons de toute la partie droite des Champs-Élysées. C'est de ce côté que nous avons tenu à placer les établissements recherchés par le public l'hiver comme l'été.

Au centre des Champs-Élysées que l'on appelle le Rond-de-l'Étoile nous voudrions que l'on plaçât le fameux éléphant qui devait décorer la fontaine de la place de la Bastille, et qui se trouve remplacé aujourd'hui par la colonne de juillet.

Ce monument, qui fait partie du grand héritage napoléonien, où pourrait-il trouver une plus digne place qu'entre l'arc de l'arc de l'Étoile et l'obélisque, ces deux grands souvenirs de la science et de la gloire[1].

Sur la gauche des Champs-Élysées, à la suite du deuxième pavillon des expositions de l'industrie et des beaux-arts, nous avons placé, le long du Cours-la-Reine, un diorama. C'est un genre de spectacle pour lequel le goût du public est de plus en plus prononcé. Ce goût sera bien plus facilement satisfait, lorsqu'au lieu d'être placé dans un quartier ignoré et perdu, un diorama sera élevé à l'entrée de notre plus belle promenade.

En face du pavillon des expositions, sera l'établissement des bals et concerts, qui pourront, selon le temps et les saisons, être donnés à couvert ou en plein air. Après le diorama, et du côté du Cours-la-Reine, ou placerait un grand estaminet; son emplacement vers ce lieu retiré dit assez qu'il n'y aurait là incommodité pour personne.

---

[1] 300,000 fr. ont déjà été employés pour ce monument : c'est la moitié de la dépense. Personne ne peut vouloir que cette somme énorme ait été mise là en pure perte.

Le grand carré a dû rester ce qu'il est aujourd'hui ; c'est-à-dire , le rendez-vous des masses dans les jours de fêtes nationales ; seulement , à la place d'un terrain aride , plein de poussière en été , et couvert de boue en hiver, nous avons mis un gazon, qui serait garanti, les jours ordinaires, des pas des promeneurs, par un surveillant et un cordon , comme on fait en certains lieux publics en Angleterre ; il serait entièrement ouvert à la foule les jours de fête.

Pour accroître la variété des arbres des Champs–Elysées, et pour donner plus d'ombrage au pourtour du grand carré, on placerait un second rang de marronniers.

A l'entrée du grand carré, du côté de l'avenue des Champs–Élysées, on trouverait deux grands cafés , dont la façade serait décorée de caryatides. Ces cafés , relevés par ces ornements d'un large style , s'harmoniseraient parfaitement avec l'étendue du lieu dont ils seraient comme le péristile.

A l'extrémité ouest du grand carré serait transporté le Cirque olympique, qui ne serait pas seulement propre aux exercices équestres, mais qui servirait aux représentations théâtrales telles qu'on les voit au boulevard du Temple. La salle serait cependant disposée bien plus pour les représentations d'été que pour celles de l'hiver.

A la droite du théâtre serait un château d'eau ou réservoir destiné à alimenter les bassins et fontaines, et à fournir des moyens de secours en cas d'incendie.

Sur le côté sud du grand carré viendrait se développer une suite d'établissements variés : ce serait un petit théâtre destiné , sans doute, aux plaisirs des promeneurs venant de tous les points de Paris, mais plus particulièrement à l'amusement des habitants des quartiers de Grenelle, du Gros-Caillou, Chaillot et lieux environnants ; aujourd'hui privés, pour cause d'éloignement , des récréations théâtrales.

Les amateurs du jeu de paume et de balle trouveraient des locaux appropriés à ce genre de plaisir.

A Paris on ne connaît pas le véritable genre des guinguettes , c'est-à-dire un lieu entouré de verdure et bien disposé pour se donner les plaisirs réunis de la musique, de la danse et de la table. Ici tout serait parfaitement distribué pour offrir ces divers avantages.

Plus loin serait un petit théâtre dans le genre des Funambules.

Sur les contre-allées qui séparent les Champs-Élysées du Cours-la-Reine, seraient les jeux de boules et autres jeux qui demandent la longueur du terrain plutôt que la largeur. Le long de cette même avenue seraient de petits établissements de consommation répondant aux besoins de la localité.

L'amélioration notable du grand carré serait dans les avenues nouvelles qui conduiraient dans son enceinte. Celle à l'ouest le mettrait en rapport avec le nouveau quartier de François Iᵉʳ ; celle qui serait à l'est lui donnerait vue sur la place de la Concorde et la terrasse du bord de l'eau, ce qui serait un nouvel avantage pour le jardin, le palais et le quai des Tuileries.

Dans cette description rapide des divers établissements proposés, nous avons cru inutile de mentionner les fontaines, les carrés de verdure, les vases de fleurs, l'éclairage au gaz, l'arrosement au moyen de bornes-fontaines, les bancs, les cabinets de propreté. Nous n'avons point parlé non plus de la grande avenue mac-adamisée avec des égouts qui remplaceraient les sales cuvettes d'eau bourbeuse qui longent aujourd'hui la promenade. Tout cela cependant a été prévu, et formera, nous l'espérons, un travail d'ensemble auquel nous avons tenu d'appliquer le cachet carastéristique de notre époque, celui de l'*utile* et celui de l'*agréable*.

Nota. La planche ci-jointe ne doit être considérée que comme un résumé imparfait de notre projet, dont les dessins sont dus à notre collaborateur, M. Hector Horeau, architecte. — Son travail étudié et composé d'un grand nombre de planches sera communiqué à toutes les personnes qui désireront en prendre une connaissance plus complète.

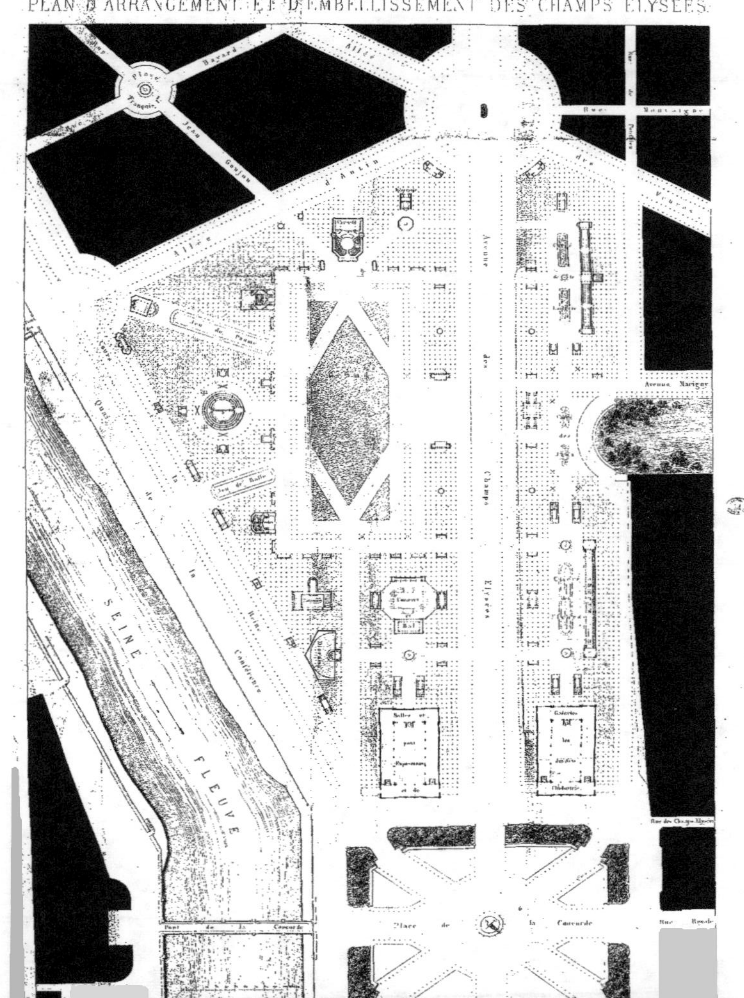

PLAN D'ARRANGEMENT ET D'EMBELLISSEMENT DES CHAMPS ÉLYSÉES
Avenue des Champs Elysées
SEINE FLEUVE
Place de la Concorde
Avenue Marigny
Rue des Champs-Elysées